BEI GRIN MACHT SICH IHR WISSEN BEZAHLT

- Wir veröffentlichen Ihre Hausarbeit, Bachelor- und Masterarbeit

- Ihr eigenes eBook und Buch - weltweit in allen wichtigen Shops

- Verdienen Sie an jedem Verkauf

Jetzt bei www.GRIN.com hochladen und kostenlos publizieren

Bibliografische Information der Deutschen Nationalbibliothek:

Die Deutsche Bibliothek verzeichnet diese Publikation in der Deutschen National-
bibliografie; detaillierte bibliografische Daten sind im Internet über http://dnb.d-
nb.de/ abrufbar.

Impressum:

Copyright © 2016 GRIN Verlag
Druck und Bindung: Books on Demand GmbH, Norderstedt Germany
ISBN: 9783668971448

Dieses Buch bei GRIN:

https://www.grin.com/document/489401

Anonym

Geschlechtsspezifische Gruppenzusammensetzung im Sportunterricht

Ausarbeitung einer eigenen Unterrichtsstudie in der fünften Klasse

GRIN Verlag

GRIN - Your knowledge has value

Der GRIN Verlag publiziert seit 1998 wissenschaftliche Arbeiten von Studenten, Hochschullehrern und anderen Akademikern als eBook und gedrucktes Buch. Die Verlagswebsite www.grin.com ist die ideale Plattform zur Veröffentlichung von Hausarbeiten, Abschlussarbeiten, wissenschaftlichen Aufsätzen, Dissertationen und Fachbüchern.

Besuchen Sie uns im Internet:

http://www.grin.com/

http://www.facebook.com/grincom

http://www.twitter.com/grin_com

Inhaltsverzeichnis

1. Einleitung

Heterogenität begegnet uns in vielen verschiedenen Bereichen des Alltags. Hierzu zählen beispielsweise Religion, Kultur, Sport und Schule, aber auch noch viele weitere. Diese Heterogenität lässt sich auch als Vielfalt oder Verschiedenheit bezeichnen und kann bereits in kleinsten Gruppen beobachtet werden. Wir haben uns im Rahmen unseres Seminars „Zum Umgang mit Heterogenität im Sportunterricht" unter anderem mit unterschiedlichen Dimensionen von Heterogenität im Sportunterricht beschäftigt. Denn alleine hier können Unterschiede zum Beispiel bezüglich des Geschlechts, der Leistungsstände, zwischen verschiedenen Kulturen und Religionen oder im Umgang mit Behinderungen unter den Schülerinnen und Schülern wahrgenommen werden.

Nachdem durch das Seminar eine gewisse Grundlage geschaffen wurde, sollte von jedem einzelnen Seminarteilnehmer eine Beobachtungsstudie über vier Unterrichtseinheiten an einer beliebigen Schule und in einer beliebigen Klassenstufe durchgeführt werden. Dazu sollte vorab eine Forschungsfrage zu einer der vier von uns behandelten Heterogenitätsdimensionen – Geschlecht, Leistung, Kultur/Ethnie oder Behinderung/Inklusion – formuliert, Untersuchungsschwerpunkte festgelegt und die Art und Weise des Festhaltens der Beobachtungen überlegt werden.

2. Untersuchungsdesign

2.1 Wahl der Forschungsfrage

Da ich mich zuerst mit der Wahl einer Forschungsfrage auseinandergesetzt und erst später eine Schulklasse gesucht habe, kam eine Forschungsfrage, die ein bestimmtes Unterrichtsthema erfordert, für mich nicht in Frage (z.B. Beobachtungen von Mädchen und Jungen bei Sportarten, die typischerweise eher Mädchen oder Jungen zugeschrieben werden). Zudem wusste ich im Vorhinein auch nicht, ob eine Vielfalt von Kulturen in der Klasse vertreten oder Kinder mit Behinderungen in der Klasse sein würden. Deshalb entschied ich mich für die Heterogenitätsdimension Geschlecht und einen Schwerpunkt, der in jeder Klasse und bei jedem Thema zu beobachten ist – die geschlechtsspezifische Zusammensetzung von Gruppen innerhalb des Sportunterrichts.

2.2 Darstellung der Untersuchungs-/Beobachtungsschwerpunkte

Hierbei wollte ich mir ein Bild davon machen, wie sich Mannschaften in einer Sportstunde zusammensetzen, wenn einerseits die Schülerinnen und Schüler die Gruppen selbst bestimmen dürfen und andererseits die Lehrkraft die Mannschaften bestimmt. Darüber hinaus wollte ich mithilfe von Momentaufnahmen durch Skizzen festhalten, wie die räumliche Verteilung von Mädchen und Jungen beispielsweise in Spielphasen aussieht und ansatzweise damit verbundene grobe Verhaltensmuster bestimmen. Dabei wurde die Anordnung von Mädchen und Jungen im Sitzkreis zu Beginn, im Laufe und zum Ende der Unterrichtsstunde notiert und die Verteilung im Raum während Spiel- beziehungsweise Übungsphasen festgehalten. Während der Beobachtungen saß ich am Rand der Turnhalle und hatte Skizzen und Tabellen vorbereitet, welche ich im Laufe der Stunde mit Kreuzen für Mädchen und Kreisen für Jungen ausgefüllt habe. Ferner habe ich besondere Auffälligkeiten im Verhalten der Schülerinnen und Schüler noch durch kurze Notizen festgehalten.

2.3 Beobachtungsgruppe

Für die Durchführung der Beobachtungsstudie hatte ich mir zuerst eine vierte Klasse einer Grundschule ausgesucht. Hier fielen allerdings die ersten beiden Sitzungen aufgrund der heißen Temperaturen aus, weshalb ich sehr spontan eine andere Klasse finden musste. Glücklicherweise bekam ich durch eine Bekannte die Möglichkeit an dem Erasmus-von-Rotterdam-Gymnasium in Viersen in einer fünften Klasse zu hospitieren. Diese hat dreimal wöchentlich für 60 Minuten Sport. Somit konnte ich, nachdem ich die Klasse kurz kennengelernt hatte, zweimal pro Woche deren Sportunterricht besuchen. Zum Untersuchungszeitpunkt setzte sich die Klasse aus insgesamt 27 Schülerinnen und Schülern zusammen (16 Mädchen und 11 Jungen), von denen im Untersuchungszeitraum leider stets drei bis fünf Kinder aufgrund von Verletzungen inaktiv waren. Die Themen der vier Unterrichtseinheiten waren Spiele aus der Grundschule (1.+2. Unterrichtseinheit) und Turnen (3.+4. Unterrichtseinheit).

2.4 Begründung der Untersuchungs-/Beobachtungsschwerpunkte

Die Koedukation – die gemeinsame Erziehung – von Mädchen und Jungen im Grundschulsport stand und steht eher selten im Mittelpunkt von Literatur und Forschung und ist als

Teil der Geschlechterforschung ein von einer überschaubaren Anzahl an Sportwissenschaftlerinnen und -wissenschaftlern erforschter Bereich der Sportdidaktik.[1] Sie begegnet uns tagtäglich und dies eigentlich nicht nur im Sportunterricht. Über Ansätze, bei denen stärker die Mädchen bevorzugt (Mädchenparteilichkeit) oder diese eher benachteiligt werden (Jungenarbeit), rückte die sogenannte reflexive Koedukation in den Vordergrund. Ziel dieser reflexiven Koedukation ist es, „die Entwicklung von Mädchen und Jungen umfassend und gleichwertig über die Grenzen der einengenden Geschlechtsstereotype in der Vielfalt der Bewegungs- und Sportkultur"[2] und das Miteinander von beiden Geschlechtern zu fördern.[3] Denn die Entscheidung sich einem bestimmten Sport zuzuwenden, fällen Kinder immer früher. Somit liegen bereits in der Grundschule Vorlieben bezüglich sportlicher Aktivitäten vor. Jungen favorisieren meist Sportspiele (vor allem Fußball) und Mädchen widmen sich eher Sportarten wie Turnen, Schwimmen, Reiten, Tennis oder Leichtathletik (beide im Alter von etwa 7-14 Jahren und bezogen auf den im Verein betriebenen Sport).[4] Verschiedene Interessen führen zu unterschiedlichen Vorerfahrungen, die dann im Sportunterricht zum Beispiel durch Defizite oder Talente in bestimmten Bereichen zum Vorschein kommen können. Diese frühe Zuwendung der Geschlechter zu verschiedenen Sportarten sorgt unter anderem dafür, dass bestimmte Sportarten als typisch mädchenhaft oder typisch jungenhaft empfunden werden. Leider führt dieses Empfinden während des Sportunterrichts oft dazu, dass Mädchen und Jungen voreingenommen bezüglich bestimmter Sportarten, die sie als dem anderen Geschlecht entsprechend sehen, sind. In solchen Fällen sträuben sie sich dann beispielsweise vehement dagegen sich am Unterricht zu beteiligen oder trauen sich entsprechende Übungen von vornherein nicht zu. Darüber hinaus präferieren Jungen allgemein das Spiel/Spielen, während Mädchen sich eher für Geselligkeit, Gemeinschaft, Ausdruck und Gestaltung im Sport interessieren.[5] Die reflexive Koedukation verfolgt weiterhin das Ziel, das Interesse für Sportarten zu wecken, die vom Geschlechterstereotypen abweichen. Hierbei sind es zumeist die Jungen, denen es schwer fällt

---

1 Petra Gieß-Stüber: „Geschlechterforschung und Sportdidaktik". In: Marita Kampshoff/Claudia Wiepcke (Hg.): *Handbuch Geschlechterforschung und Fachdidaktik*. Wiesbaden 2012. S. 273-286, hier S. 274.
2 Helmut Schmerbitz/Wolfgang Seidensticker: „Koedukativer Sportunterricht. Grundsätze und Beispiele geschlechterbewussten Unterrichtens". http://www.schulsport-nrw.de/fileadmin/user_upload/schulsport-praxis_und_fortbildung/pdf/Kurzfassung_KoedukativerSportunterrich_Detmold.pdf. (29.10.2016). S. 5.
3 Thomas Rotter: „Chancen und Limits der Koedukation im Unterrichtsfach Bewegung und Sport (2014)". http://unipub.uni-graz.at/obvugrhs/download/pdf/242694?originalFilename=true. (29.10.2016). S. 35.
4 Judith Frohn: „Reflexive Koedukation auch im Sportunterricht der Grundschule?" In: *Sportunterricht* 53 (2004), H. 6. S. 163-168, hier: S. 163 f.
5 Ebd., S. 164 f.

sich auf dem weiblichen Geschlecht zugeschriebenen Sportarten einzulassen.[6] Neben den Interessen haben wir bereits innerhalb unseres Seminars festgestellt, dass Mädchen im Sportunterricht eher vorsichtig und zurückhaltend und Jungen im Gegensatz dazu offensiv und ehrgeizig auftreten. Zusammenfassend lassen diese unterschiedlichen Interessen und Verhaltensweisen vermuten, dass ein gleichberechtigtes Miteinander der Geschlechter nicht ganz so einfach ist. So wurde bereits oft diagnostiziert, dass Gruppen, die innerhalb des Sportunterrichts entstehen nur selten (geschlechts-)heterogen sind.[7] Denn „leistungs-starke Schüler arbeiten mit anderen leistungsstarken Schülern zusammen, deutsche mit deutschen Schülern, Migrantenkinder mit anderen Migrantenkindern, Jungen mit anderen Jungen"[8]. Einige Autoren empfehlen daher Gruppen mithilfe des Zufallsprinzips oder durch die Lehrkraft bestimmen zu lassen. Eine weitere Methode stellt das sogenannte So-ziogramm dar. Schülerinnen und Schüler haben dabei die Möglichkeit indirekt mit zu ent-scheiden. Sie teilen dem Lehrer beispielsweise schriftlich mit, wer gerne mit wem in eine Gruppe kommen möchte und dieser kann anhand der Wünsche Gruppen erstellen, sodass jeder mit einem seiner favorisierten Gruppenmitgliedern zusammenarbeiten kann.[9] Auch die räumliche Trennung spielt insofern eine Rolle, als ein Aufhalten der Geschlechter in getrennten Hälften der Turnhalle typisch für offene Übungs- und Spielphasen ist.[10] Ob und wie sich Gruppenzusammensetzungen und geschlechtsspezifische Verhaltensmuster im Zu-sammenhang mit besonderen räumlichen Anordnungen nun in der fünften Klasse des Erasmus-von-Rotterdam-Gymnasiums in Viersen beobachten lassen, werde ich im Folgen-den nach der Darstellung der Unterrichtsinhalte anhand meiner festgehaltenen Skizzen und Notizen veranschaulichen.

---

6 Ebd., S. 166.
7 Judith Frohn: „Reflexive Koedukation", S. 165.
8 David W. Johnson et al.: „Kooperatives Lernen – Kooperative Schule. Tipps – Praxishilfen – Konzepte".
    Mülheim an der Ruhr 2005. S. 39.
9 Patrik Gerecke: „Heterogenitätsbedingte Unterschiede zwischen Ingroup- und Outgroup-Anerkennung
    bzw. – Ablehnung im Sportunterricht. Eine empirische Studie zum integrativen Einfluss des Kooperativen
    Lernens (2010)". http://d-nb.info/100977350X/34. (30.10.2016). S. 101.
10 Judith Frohn: „Reflexive Koedukation", S. 165.

3. Ablauf der Unterrichtseinheiten

Die von mir besuchten Sportstunden am 19., 20., 26. und 27.09.2016 beinhalteten die Themen „Spiele aus der Grundschule" – hier stellten die Kinder Sportspiele aus ihrer Grundschule vor, die nacheinander gespielt wurden – und „Turnen". Alle Stunden begannen und endeten in einem Sitzkreis in der Mitte der Turnhalle. Zusätzlich gab es im Laufe der Stunde nach Spiel- oder Übungsphasen noch ein bis zwei Sitzkreise, in denen der weitere Ablauf beziehungsweise die nächste Übung/das nächste Spiel besprochen wurde.

3.1 Erste Unterrichtseinheit (19.09.2016)

Nach der Begrüßung im Sitzkreis wurden von der Lehrkraft zwei Fänger bestimmt und die Kinder sollten zum Aufwärmen eine Runde „Kettenfangen" spielen. Hierbei geht es darum als Fänger ein Kind zu fangen und dann gemeinsam – Hand in Hand – mit diesem das nächste Kind zu fangen. Sobald die Kette aus vier Gliedern/Kindern besteht, trennt sich diese. Jeweils zwei Schüler laufen zusammen weiter und diese versuchen sodann Kinder zu schnappen bis alle erwischt worden sind. Nachdem alle Kinder gefangen wurde, fand sich die Klasse wieder im Sitzkreis zusammen und das letzte Sportspiel „Bienenkönigin" wurde vorgestellt (in den Stunden zuvor wurden bereits Spiele vorgestellt). Dazu wurden von der Lehrerin zwei gleich große Mannschaften bestimmt und anhand der Bodenmarkierungen das Spielfeld in zwei gleich große Hälften geteilt:

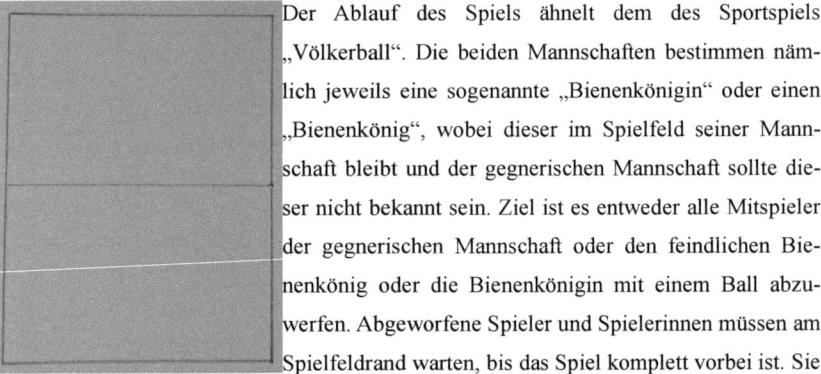 Der Ablauf des Spiels ähnelt dem des Sportspiels „Völkerball". Die beiden Mannschaften bestimmen nämlich jeweils eine sogenannte „Bienenkönigin" oder einen „Bienenkönig", wobei dieser im Spielfeld seiner Mannschaft bleibt und der gegnerischen Mannschaft sollte dieser nicht bekannt sein. Ziel ist es entweder alle Mitspieler der gegnerischen Mannschaft oder den feindlichen Bienenkönig oder die Bienenkönigin mit einem Ball abzuwerfen. Abgeworfene Spieler und Spielerinnen müssen am Spielfeldrand warten, bis das Spiel komplett vorbei ist. Sie können somit nicht – wie beim Völkerball – wieder in das Spielgeschehen zurück gelangen. Um das Spielgeschehen zu beschleunigen wurde mit insgesamt vier Bällen gespielt. Nach zwei Runden kamen wieder alle in einem Sitzkreis zusammen und es wurde

abgestimmt, welches der vorgestellten Sportspiele der letzten Sportstunden das beliebteste ist. Dabei meldeten sich die Kinder mit Handzeichen und zwischen den beiden am häufigsten genannten Spielen wurde dann noch einmal von allen abgestimmt. Das beliebteste Sportspiel „Gefängnisball" wurde dann zum Abschluss gespielt. Die Gruppen vom Spiel davor blieben bestehen. Auch hier wurden zwei gleiche Spielfeldhälften bestimmt und in jedem der beiden Felder wurde eine Ecke des Spielfeldes durch eine Bank abgetrennt. Die Bänke sollten dabei nicht in gegenüberliegenden Ecken stehen, sondern sozusagen diagonal zueinander (bezogen auf das gesamte Spielfeld):

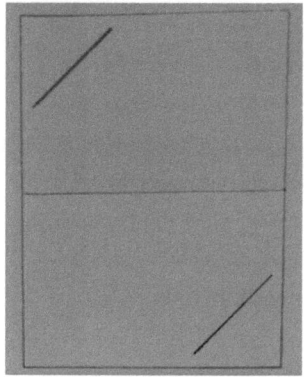 Der Bereich hinter der Bank ist das „Gefängnis" der jeweiligen Mannschaft, in dessen Spielfeldhälfte es sich befindet. Ähnlich dem vorangegangen Spiel geht es hierbei auch um das gegenseitige Abwerfen. Erfolgreiche Treffer führen dazu, dass sich getroffene Spieler in das Gefängnis der feindlichen Mannschaft begeben müssen. Allerdings können sie wieder zurück in ihr Spielfeld gelangen, wenn ihnen ein Ball aus ihrem ursprünglichen Feld zugeworfen wird und eine der Personen im Gefängnis diesen Ball fängt. Es spielt dabei keine Rolle, wer den Ball innerhalb des Gefängnisses fängt und wer dieses verlässt. Allerdings darf pro gefangenem Ball nur ein Inhaftierter das Gefängnis verlassen. Bevor diese Person dann zurück in ihr Spielfeld kann, muss sie eine Runde um das komplette Feld laufen. Um hier ebenfalls den Spielfluss aufrecht zu erhalten und mehr Bewegung ins Spiel zu bekommen, wurde mit fünf Bällen gespielt. Ziel ist es, alle Mitspieler des gegnerischen Teams mit gezielten Würfen zu treffen, bis das gegnerische Spielfeld leer und somit das eigene Gefängnis voll ist. Zum Abschluss versammelten sich alle ein letztes Mal im Sitzkreis.

3.2 Zweite Unterrichtseinheit (20.09.2016)

Nach der Begrüßung im Sitzkreis wurden von der Lehrerin wieder zwei Fänger bestimmt und es wurden zum Aufwärmen zwei Runden Kettenfangen gespielt. Im Anschluss daran kamen die Schülerinnen und Schüler erneut in einem Sitzkreis zusammen und wurden in zwei gleich große Mannschaften eingeteilt. Da in der letzten Sportstunde das beliebteste Sportspiel „Gefängnisball" nicht ganz so ausgiebig gespielt werden konnte, wurden in dieser Unterrichtseinheit noch einmal zwei Runden gespielt. Es wurden zugunsten des Spielflusses wieder fünf Bälle eingesetzt. Abschließend fanden sich wieder alle im Sitzkreis zusammen. Dann informierte die Lehrkraft die Mädchen und Jungen über das neue Thema (Turnen), worüber kurz gesprochen wurde und daraufhin verabschiedete sie sich.

3.3 Dritte Unterrichtseinheit (26.09.2016)

Nach der Begrüßung im Sitzkreis und einer erneuten Vorstellung des neuen Themas „Turnen" begann die Sportstunde mit einem Aufwärmprogramm, bei dem die Schülerinnen und Schüler je nach Wunsch einzeln oder in Grüppchen quer durch die Turnhalle laufen und beim Rufen bestimmter Zahlen – Eins, Zwei oder Drei – verschiedene Laufübungen ausführen sollten. Rief die Lehrkraft die Zahl Eins, sollten sich die Kinder im Hopserlauf fortbewegen, bei der Zwei sollten sie im Seitgalopp weiterlaufen und die Drei bedeutete Skippings (Knie hoch und kleine Schritte). Danach versammelten sich alle wieder im Sitzkreis, die Lehrkraft beauftragte die Schüler damit vier Mattenbahnen nebeneinander aufzubauen, die jeweils aus drei Matten bestanden und sich dann erneut im Sitzkreis zusammenzufinden. Nun wurden die Kinder von der Lehrerin in vier gleichmäßige Gruppen auf die vier Mattenbahnen verteilt.

Anschließend wurden auf den Mattenbahnen (Vor-)Übungen zur Vorwärtsrolle und zum Hockstrecksprung gemacht. Dabei stellten sich die Schüler in ihren Gruppen in eine Reihe hinter den Mattenbahnen auf, führten jeweils einzeln die aktuelle Übung mehrmals hintereinander aus und erst wenn eines am Ende der Mattenbahn angelangt war, begann das nächste Kind mit der Übung. Danach sollte locker an der Seite der Mattenbahn zurückgelaufen und sich wieder in der Reihe angestellt werden. Die erste Übung nannte sich „Froschspringen". Dabei sollten sich die Mädchen und Jungen auf Armen und Beinen hüpfend (wie ein Frosch) fortbewegen. Wichtig hierbei war das Aufsetzen der Hände vor den Beinen. Die nächste Übung diente der Vorbereitung auf den Hockstrecksprung. Denn ein Schüler sollte sich hinhocken und auf ein Kommando gerade hochspringen und strecken. Unterstützt wurde man hierbei rechts und links von jeweils einer Hilfestellung durch Mitschüler, die mit einer Hand am Oberarm in Achselhöhlennähe und mit der anderen Hand die Hand des Springenden stützten. Daraufhin folgte das Üben einer Vorwärtsrolle ohne Hilfestellung, wobei darauf geachtet werden sollte, dass der Rücken rund gemacht und der Kopf auf den Brustkorb gelegt wird. Nach mehreren Durchläufen wurde wieder mit Hilfe-

stellungen rechts und links vom Übenden gearbeitet und die Schülerinnen und Schüler sollten Vorwärtsrollen mit anschließenden Hockstrecksprüngen ausführen. Zuletzt sollte dies
alleine geübt werden. Die Kinder räumten danach in den Gruppen die Matten weg und
fanden sich zum Abschluss der Stunde noch einmal im Sitzkreis zusammen.

3.4 Vierte Unterrichtseinheit (27.09.2016)

Nach der Begrüßung im Sitzkreis sollten alle Schülerinnen und Schüler gemeinsam fünf
Runden durch die Turnhalle laufen. Danach sollte sie sich in Dreiergruppen an einer Seite
der Halle zusammenfinden. Darauf folgte mit der aus der letzten Stunde bekannten Hilfestellung (Achsel und Hand) ein gemeinsames Laufen innerhalb der Dreiergruppen, wobei
die Person in der Mitte durch die Hilfestellung immer nach einigen Schritten springen und
dabei gestützt werden sollte. Wurde die andere Seite der Halle erreicht, sollten Postionen
gewechselt werden, sodass jeder einmal in der Mitte war. Erweitert wurde die Übung daraufhin dadurch, dass die Kinder während des Sprungs in der Luft ihre Beinhaltung ändern
sollten (anhocken, spreizen, scheren, etc.). Nachdem mehrere Durchgänge erfolgten und
jeder mehrmals in der Mitte der Dreiergrüppchen springen konnte, fanden sich alle in einem Sitzkreis zusammen und das weitere Vorgehen wurde besprochen. Die Dreiergruppen
wurden beibehalten und es sollten sich pro Gruppe jeweils zwei Matten geholt und mit der
kurzen Seite hintereinander an eine Hallenwand gelegt werden. Nachfolgend sollten die
Schüler innerhalb ihrer Gruppe den Handstand mit dem Bauch zur Wand üben. Dabei
sollten die Kinder im Vierfüßlerstand (Füße zeigen Richtung Wand) versuchen die Wand
mit den Füßen hochzuklettern, sodass sich dem Handstand angenähert wird. Rechts und
links vom Übenden sollten die anderen beiden Gruppenmitglieder je nach Bedarf mehr
oder weniger Hilfestellung leisten. Hatte jeder der Schülerinnen und Schüler dies
mehrmals probiert, wurde sich wieder im Sitzkreis zusammengefunden. Nachdem hier die
Hilfestellung für den regulären Handstand (mit dem Rücken zur Wand, Hilfestellung durch
Halten der Oberschenkel) besprochen wurde, kehrten die Grüppchen an ihre Matten zurück
und übten diesen sowohl mithilfe der Wand, als auch ohne Wand. In beiden Fällen war die
Hilfestellung von den Mitschülern jedoch Pflicht. Nach reichlichem Üben wurde sich dann
zum Ab-schied wieder im Sitzkreis versammelt.

4. Beobachtungsergebnisse

Im Folgenden werden nun – nach Schwerpunkten sortiert – die Ergebnisse der Beobachtungsstudie vorgestellt. Dabei wurden diese in die Bereiche geschlechtsspezifische Gruppenzusammensetzung, Sitzkreise und räumliche Verteilung unterteilt.

4.1 Geschlechtsspezifische Gruppenzusammensetzung

In allen vier Unterrichtseinheiten blieben Gruppen beziehungsweise Mannschaften, die für ein Spiel gebildet wurde, für den Rest der Sportstunde bestehen. Hierbei sorgte die Lehrkraft durch geschicktes Auszählen – nachdem sich die Kinder beispielsweise nach der Anzahl ihrer Haustiere in einer Reihe anordnen sollten – in der ersten, zweiten und dritten Sportstunde dafür, dass gleich große und auch in etwa gleich starke Gruppe entstehen:

	Anzahl der Mädchen	Anzahl der Jungen
1. Unterrichtseinheit	Gruppe A: 6 Gruppe B: 6	Gruppe A: 5 Gruppe B: 5
2. Unterrichtseinheit	Gruppe A: 6 Gruppe B: 7	Gruppe A: 6 Gruppe B: 5
3. Unterrichtseinheit	Gruppe A: 4 Gruppe B: 4 Gruppe C: 4 Gruppe D: 3	Gruppe A: 2 Gruppe B: 2 Gruppe C: 2 Gruppe D: 3

Die Schülerinnen und Schüler empfanden dies nicht als ungerecht (niemand beschwerte sich) und auch die Anteile von Mädchen und Jungen in jeder Gruppe waren – soweit möglich – einheitlich. Nur in einer der Unterrichtseinheiten entstanden geschlechtshomogene Gruppen. Dies war in der letzten Sportstunde der Fall:

	Anzahl der Mädchen	Anzahl der Jungen
4. Unterrichtseinheit	Gruppe A: 0 Gruppe B: 0 Gruppe C: 0 Gruppe D: 1 Gruppe E: 3 Gruppe F: 3 Gruppe G: 3 Gruppe H: 3	Gruppe A: 3 Gruppe B: 3 Gruppe C: 3 Gruppe D: 2 Gruppe E: 0 Gruppe F: 0 Gruppe G: 0 Gruppe H: 0

Wäre es nach den Schülern gegangen, hätte es keine einzige geschlechtsheterogene Gruppe gegeben. Erst durch die Bitte der Lehrerin aus einer Vierergruppe (nur Mädchen) und einer

Zweiergruppe (nur Jungen) zwei Dreiergruppen zu machen, entstand eine Gruppe bestehend aus zwei Jungen und einem Mädchen. Hier schlug eines der Mädchen recht schnell vor ihre Gruppe zu verlassen. Es lässt sich vermuten, dass hier einerseits homogene Grüppchen zustande kamen, weil die Kinder selbst wählen durften. Andererseits standen Turnübungen, die Hilfestellungen erforderten, im Vordergrund, sodass jede/jeder vermutlich das Üben mit ihr/ihm besonders vertrauten Mitschülern bevorzugte. Darüber hinaus entstanden in den ersten beiden Sportstunden beim Kettenfangen nie geschlechtshomogene Zweierketten. Ebenso waren gemischte Dreierketten eher selten. Hier waren es die Mädchen, die überhaupt gar kein Problem damit hatten einen Jungen an die Hand zu nehmen. Es entstanden somit ab und zu Dreierketten, die aus zwei Mädchen und einem Jungen bestanden. Im Gegensatz dazu war es bei Ketten, die aus zwei Jungs bestanden so, dass ein Mädchen nicht an die Hand genommen werden wollte, wenn eines gefangen wurde. Dieser Fall trat zweimal auf. In beiden Fällen fingen die beiden Jungen gemeinsam ein weiteres Mädchen, sodass sich die gefangenen Mädchen erst kurzzeitig darüber beschwerten, dass sie gefangen und nicht an die Hand genommen wurden, dann aber ein eigenes Pärchen bildeten.

4.2 Sitzkreise

Schaut man sich die Anordnung von Mädchen und Jungen im Sitzkreis an, so kann man einen deutlichen Unterschied zum Beginn und Ende der Stunde im Gegensatz zu den Sitzkreisen feststellen, die im Laufe der Stunde entstanden sind. Kamen die Schülerinnen und Schüler zu Beginn oder zum Ende der Stunde zusammen, ordneten sie sich innerhalb des Kreises – bezüglich des Geschlechts – komplett getrennt an:

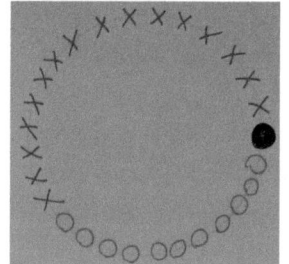 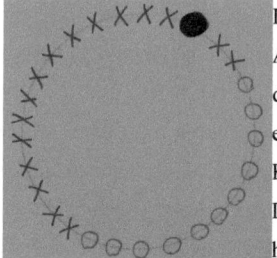 Der gefüllte Kreis stellt in den Abbildungen die Lehrkraft dar, während jedes Kreuz für eine Schülerin und jeder Kreis für einen Schüler steht. Diese beiden Sitzkreise stehen beispielhaft für die Situationen zu Beginn und zum Schluss der Stunde. Die gesamten Sitzkreise befinden sich im Anhang. Entweder saßen somit in der einen Hälfte (ausgehend von der Lehrerin) des Kreises alle Jungen und in der anderen alle Mädchen oder es saßen zusätzlich noch

vereinzelt ein bis drei Mädchen auf der anderen Seite des Kreises (direkt neben der Lehrerin). Im Kontrast dazu löste sich im Laufe der Stunde die komplette Trennung von Mädchen und Jungen auf. Sie blieben zwar in homogenen Grüppchen sitzen, aber es entstanden
insgesamt gemischte Sitzkreise:

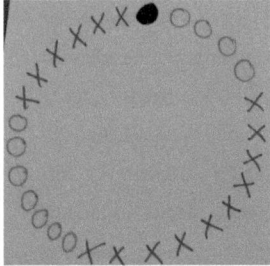 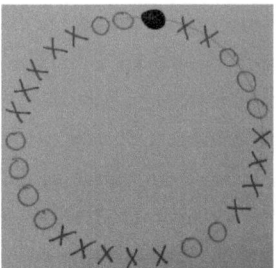

Auch hier sind beispielhaft
zwei Sitzkreise aus der dritten
Unterrichtseinheit abgebildet.
Der linke Kreis stellt dabei eine frühere und der rechte eine
spätere Situation im Unterricht dar. Es fällt auf, dass die
spätere Situation sogar noch eine Steigerung der Vermischung von Mädchen- und Jungen-
gruppen aufweist.

4.3 Räumliche Verteilung

Bei der räumlichen Verteilung der Mädchen und Jungen während der Spiel- und Übungsphasen konnte durch Skizzen das ein oder andere Muster festgestellt werden. Auch hier
wird nur beispielhaft je eine Momentaufnahme aufgezeigt und sämtliche Skizzen finden
sich im Anhang wieder. Das erste Spiel, bei dem die räumliche Verteilung festgehalten
wurde, war Bienenkönigin:

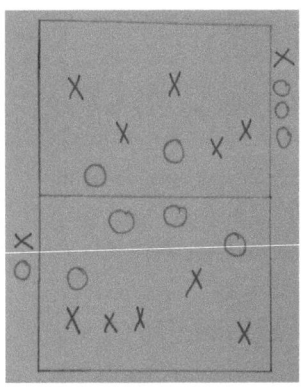

Wie man dieser und den sich im Anhang befindenden
Skizzen entnehmen kann, hielten sich die Mädchen meist
etwas weiter hinten im Spielfeld auf, als die Jungen.
Schied eine Person aus, setzte sich diese an den Rand des
Spielfelds ihres Teams. Auch hier saßen Jungen und Mädchen insofern getrennt, als dass sie anfänglich – wie auf
dieser Zeichnung am unteren rechten Spielfeldrand – zwar
nebeneinander saßen, sich aber im Laufe des Spiels ho-
mogen nebeneinander setzten (neben das Mädchen setzten
sich weitere Mädchen, die ausschieden und neben den

Jungen weitere Jungen).

12

Ähnlich sah die Verteilung bei dem Spiel Gefängnisball aus:

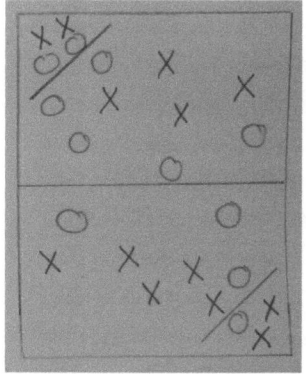

Denn auch hier hielten sich die Jungen eher vorne in ihrem Spielfeld und die Mädchen eher etwas weiter hinten auf. Des Weiteren neigten die Jungen dazu sich auch innerhalb des Gefängnisses weiter vorne zu positionieren und sie fingen mehr direkte Pässe. Dagegen standen die Mädchen hier ebenfalls etwas hinter den Jungen. Außerdem fing hier oft ein Schüler mehrere Pässe und „befreite" damit erst alle anderen Inhaftierten, bevor er sich selbst befreite. Unterstützt wurde die Verteilung durch weitere Verhaltensmuster, die beobachtet werden konnten. So versuchten die Jungen Pässe der gegnerischen Mannschaft direkt zu fangen und die Mädchen warteten ab, bis der Ball einmal innerhalb ihres Spielfeldes den Boden berührt hatte (= indirekte Pässe; dies erklärt eine Positionierung im hinteren Spielfeld). Zusätzlich tendierten die Jungen neben einer offensiven Haltung im vorderen Spielfeld und innerhalb des Gefängnisses auch dazu ihr eigenes Gefängnis vor Pässen zu schützen, damit Inhaftierte diese nicht fangen konnten (sie stellten sich oft unmittelbar davor). Zuletzt wurde die Anordnung der Gruppen während der Übungsphase der zweiten Turnstunde festgehalten. Zwar wurden bis auf eine Ausnahme nur homogene Gruppen gebildet, dennoch ordneten sich diese gemischt in der Turnhalle an:

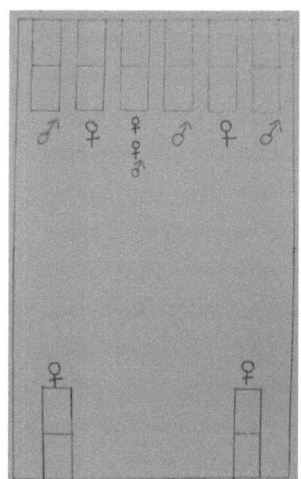

Wie man sieht, platzierte keine reine Mädchen- oder Jungengruppe ihre Matten neben einer gleichgeschlechtlichen Gruppe. Die einzige Ausnahme bildeten die beiden Mädchengruppen an der unteren Hallenseite. Allerdings lagen diese beiden Gruppen räumlich recht weit voneinander entfernt, da zwischen ihnen Türen und Tore lagen, an denen die Matten nicht platziert werden durften. Hinzu kommt der Aspekt, dass schlicht mehr Mädchen und somit Mädchengruppen präsent waren.

5. Fazit

Vergleicht man nun die dargestellten Beobachtungsergebnissen mit den zu Beginn zusammengestellten Aussagen der Forschungsliteratur, so lassen sich einige Überschneidungen feststellen. Betrachtet man zuallererst die geschlechtsspezifische Gruppenzusammensetzung, so entstanden ausschließlich geschlechtshomogene Gruppen als die Kinder selbst entscheiden durften, mit wem sie zusammenarbeiten möchten. Im Gegensatz dazu bestimmte die Lehrkraft stets geschlechtsheterogene Gruppen, die für die gesamte Sportstunde bestehen blieben. Die Lehrerin teilte mir mit, dass sie dies einerseits machte, um Zeit einzusparen (eine Sportstunde dauerte 60 Minuten) und, um andererseits möglichst gerechte Gruppen zu erhalten. Dadurch, dass die Lehrkraft das Bestimmen der Gruppen stets mit einem Zufallsprinzip verknüpfte (durch Abzählen, nachdem sich z.B. nach Größe oder Anzahl der Haustiere angeordnet werden sollte), empfanden die Schülerinnen und Schüler die Zusammensetzung der Mannschaften nie als ungerecht (Gruppeneinteilungen wurden akzeptiert, ohne dass sich jemand beschwerte und auch nach dem Spiel folgten keine Äußerungen bezüglich heterogener Leistungsniveaus der Teams). Die nächste Bestätigung der Aussagen der Literatur findet man im Verhalten der Kinder während der Spielphasen vor. So neigten Jungen zu einem ehrgeizigen Verhalten, bei dem sie sich offensiv in der vorderen Spielfeldhälfte auf die Pässe und Bälle stürzten, während sich die Mädchen weiter hinten eher vorsichtig Pässe schnappten, die bereits schon einmal den Boden berührt hatten. Die räumliche Anordnung wurde in der Literatur durch Separation der Geschlechter in verschiedene Hallenhälften erwähnt. Da eine komplette Separation in Spiel- und Übungsphasen, in denen geschlechtsheterogene Gruppen vorhanden sind, nicht möglich ist, konnten hierzu kaum Beobachtungen gemacht werden. Die einzige Situation, in der Schülerinnen und Schüler sich innerhalb ihrer selbst bestimmten Teams frei in der Turnhalle mit ihren Matten platzieren konnten, ergab sich in der letzten Sportstunde. Doch dabei konnte keine komplette Trennung der Geschlechter beobachtet werden. Ganz im Gegenteil: meist turnte eine Mädchengruppe neben einer Jungengruppe. Ähnlich sah auch die Verteilung innerhalb der Sitzkreise im Laufe der Sportstunde aus. Während zu Beginn und zum Ende der Stunde Mädchen und Jungen in einer jeweils großen, geschlossenen Gruppe zusammen saßen, ordneten sich diese in späteren Phasen der Stunden auch etwas gemischter an.

Zusammenfassend empfand ich meine Beobachtungsstudie als sehr interessant und gelungen. Zwar hatte ich Probleme damit Literatur zu finden, die sich speziell mit dem Thema der geschlechtsspezifischen Zusammensetzung von Gruppen und der räumlichen Verteilung von Mädchen und Jungen im Sportunterricht beschäftigt, da Untersuchungen dazu sehr limitiert scheinen. Dennoch habe ich den ein oder anderen Punkt dazu in etwas allgemeinere Literatur finden können (allgemeine Geschlechterforschung im Sport).

Eine Beobachtung mit der ich überhaupt nicht gerechnet hätte, war die bezüglich des Verhaltens von Mädchen und Jungen in Phasen, die Berührungen erforderten (Kettenfangen). Hier waren es die Mädchen, die überhaupt kein Problem damit hatten einen Jungen an die Hand zu nehmen und die Jungen, die verbal zur Kenntnis gaben, dass sie kein Mädchen an die Hand nehmen möchten. Meine Erwartung diesbezüglich war, dass sogar eher die Jungen kein Problem damit hätten. Die geschlechtshomogenen Gruppen in der Phase, in der die Gruppen selbst bestimmt werden durften, wunderten mich hingegen nicht. Immerhin kennt man dies aus seiner eigenen Schulzeit, in der man Partner bevorzugt, mit denen man beispielsweise gut befreundet ist und dies sind häufig Personen des gleichen Geschlechts. Da es sich in meiner Unterrichtsstudie um eine fünfte Klasse handelte, waren Leistungsunterschiede zwischen den Geschlechtern zwar teilweise zu erkennen, aber noch nicht so stark ausgeprägt. Damit ein harmonischer Sportunterricht auch weiterhin möglich ist, halte ich es für essentiell die Gruppen bezüglich des Geschlechts in der Mehrheit der Unterrichtseinheiten heterogen zusammenzusetzen. Einerseits hatte ich das Gefühl, dass Mädchen und Jungen sich im Laufe der Stunde untereinander mehr und mehr in gemischten Gruppierungen aufhalten. Andererseits kam es in dieser Klasse – was mich auch sehr wunderte – kaum vor, dass Mädchen ihren Ball während der Spielphasen an Jungen abgaben. Zwar habe ich keine genauen Zahlen bezüglich der Pässe der Jungen gegenüber den der Mädchen fixiert, ich konnte jedoch keine drastische Spielverlagerung in Richtung der Jungen feststellen, wie wir dies zum Beispiel in einer der anderen Beobachtungsstudien zum Thema „Ballkontakte" gesehen haben. Hierzu finde ich es noch spannend zu erwähnen, dass die Klasse in ihrem Klassenraum eine spezielle Sitzordnung hatte, bei der Jungen und Mädchen größtenteils gemischt nebeneinander sitzen. Dass dies Auswirkungen auf das gesamte Klassenklima und das Verhalten von Mädchen und Jungen auch während des Sportunterrichts hat, kann ich mir sehr gut vorstellen.

6. Literaturverzeichnis

Frohn, Judith: „Reflexive Koedukation auch im Sportunterricht der Grundschule?". In: *Sportunterricht* 53 (2004), H. 6. S. 163-168.

Gerecke, Patrik: „Heterogenitätsbedingte Unterschiede zwischen Ingroup- und Outgroup-Anerkennung bzw. – Ablehnung im Sportunterricht. Eine empirische Studie zum integrativen Einfluss des Kooperativen Lernens (2010)". http://d-nb.info/100977350X/34. (30.10.2016).

Gieß-Stüber, Petra: „Geschlechterforschung und Sportdidaktik". In: Marita Kampshoff/ Claudia Wiepcke (Hg.): *Handbuch Geschlechterforschung und Fachdidaktik*. Wiesbaden 2012. S. 273-286.

Johnson, David W. et al.: „Kooperatives Lernen – Kooperative Schule. Tipps – Praxishilfen – Konzepte". Mülheim an der Ruhr 2005.

Rotter, Thomas: „Chancen und Limits der Koedukation im Unterrichtsfach Bewegung und Sport". http://unipub.uni-graz.at/obvugrhs/download/pdf/242694?originalFilename=true. (29.10.2016).

Schmerbitz, Helmut/Seidensticker, Wolfgang: „Koedukativer Sportunterricht. Grundsätze und Beispiele geschlechterbewussten Unterrichtens". http://www.schulsport-nrw.de/file admin/user_upload/schulsportpraxis_und_fortbildung/pdf/Kurzfassung_KoedukativerSport unterrich_Detmold.pdf. (29.10.2016).

7. Anhang

7.1 Sitzkreise

<u>Zu Beginn der 1. Unterrichtseinheit</u>

<u>Zu Beginn der 2. Unterrichtseinheit</u>

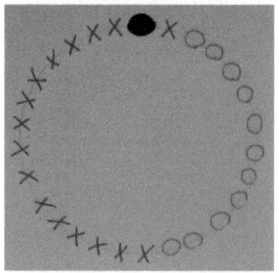
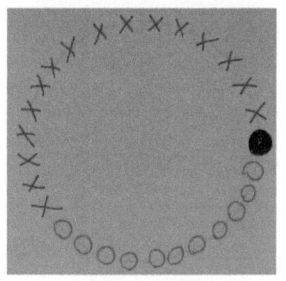

<u>Zu Beginn der 3. Unterrichtseinheit</u>

<u>Zu Beginn der 4. Unterrichtseinheit</u>

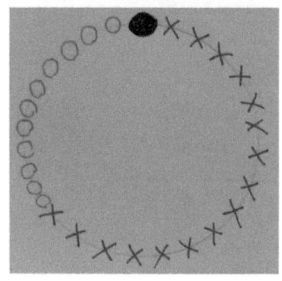
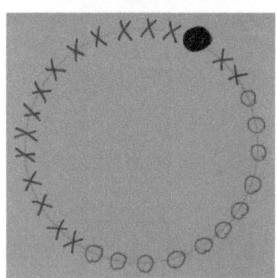

<u>Während der 1. Unterrichtseinheit</u>

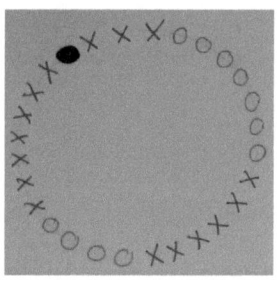
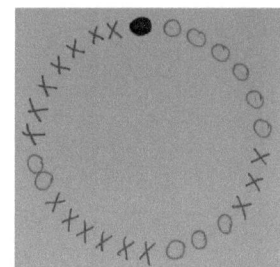

Während der 2. Unterrichtseinheit

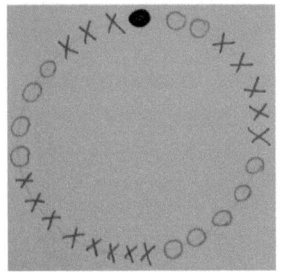

Während der 3. Unterrichtseinheit

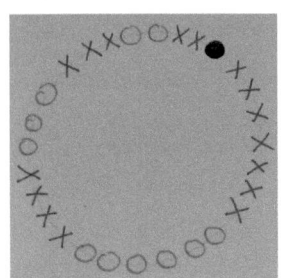
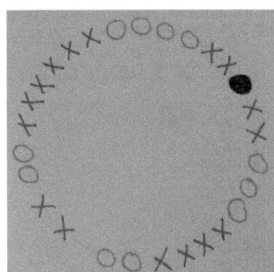

Während der 4. Unterrichtseinheit

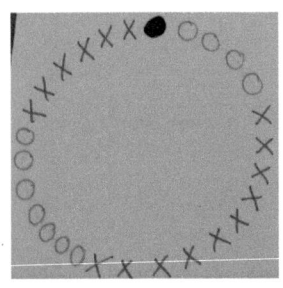
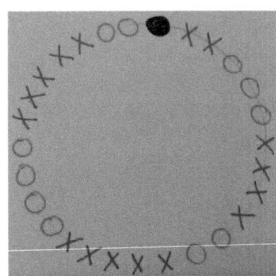

Zum Ende der 1. Unterrichtseinheit

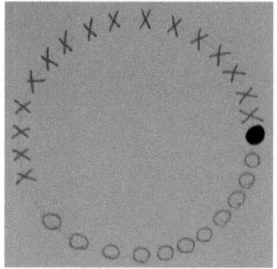

Zum Ende der 2. Unterrichtseinheit

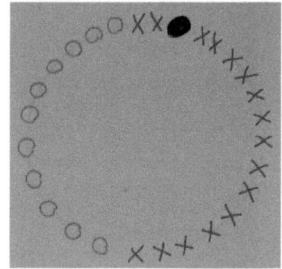

Zum Ende der 3. Unterrichtseinheit

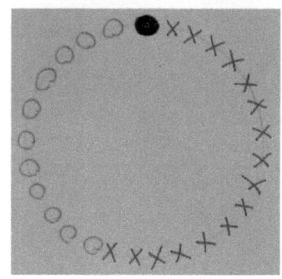

Zum Ende der 4. Unterrichtseinheit

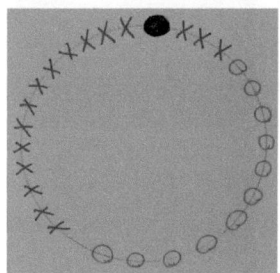

7.2 Bienenkönigin

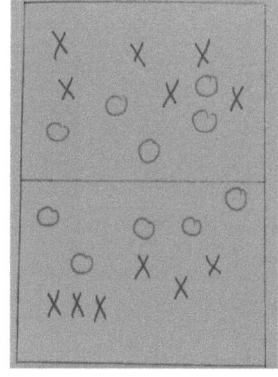 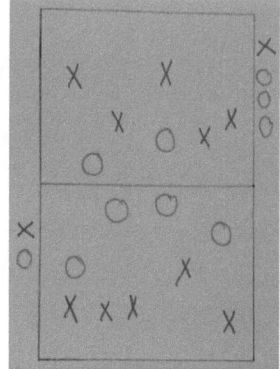 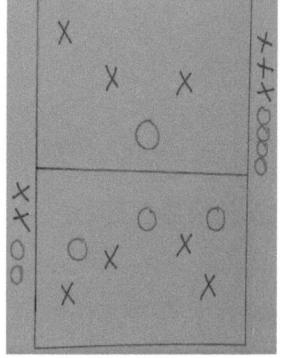

7.3 Gefängnisball

1. Unterrichtseinheit

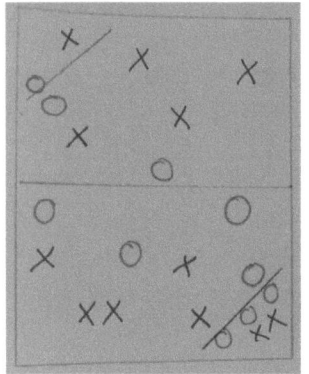 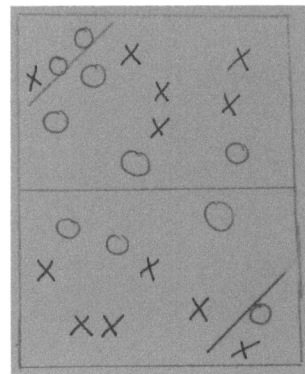

Zweite Unterrichtseinheit (Runde 1)

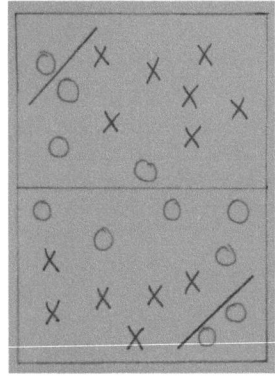 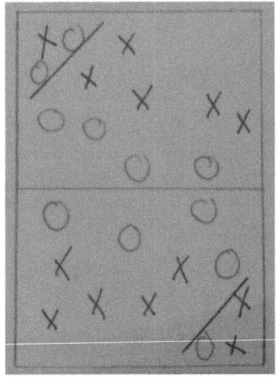 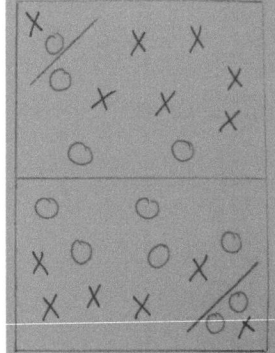

Zweite Unterrichtseinheit (Runde 2)

 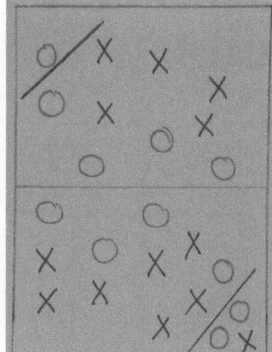 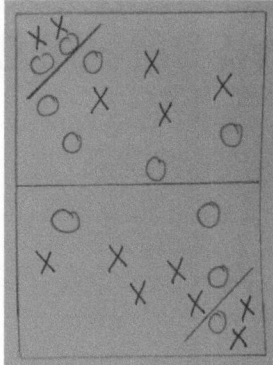

21